Arabische Schule

Schreibheft 2

Ausgabe 1 / Oktober 2017
Assira- Verlag Offenbach
Covergestaltung: Andrea Mohamed Hamroune
Cover: 123rf, Olga Drozdova
Herstellung und Verlag:
BoD, Books on Demond, Norderstedt
ISBN: 978-3-7460-1300-8